HAROLD CABALLEROS

DIOS te invita a soñar

¡No limites a Dios!
Convierte tu vida en una
maravillosa aventura

www.peniel.com

Peniel

©2008 Editorial Peniel

Ninguna parte de esta publicación puede ser reproducida en ninguna forma sin el permiso escrito de Editorial Peniel.

EDITORIAL PENIEL
Boedo 25
Buenos Aires, C1206AAA
Argentina
Tel. 54-11 4981-6178 / 6034
e-mail: info@peniel.com
www.peniel.com

Diseño de cubierta e interior:
ARTE PENIEL • arte@peniel.com

Caballeros, Harold
Dios te invita a soñar MM. - 1a ed. - Buenos Aires : Peniel, 2008.
    128 p. ; 11x17 cm.
    ISBN 10: 987-557-186-5
    ISBN 13: 978-987-557-186-0
    1. Vida Cristiana. I. Título
    CDD 248.5

Impreso en Colombia / Printed in Colombia

índice

INTRODUCCIÓN

Hace algunos años tuve la oportunidad de recibir durante su estadía en Guatemala, a la señora Hellen Walton, esposa de Sam Walton, dueño de la cadena internacional de supermercados Wal Mart, el hombre más rico de Estados Unidos.

Mientras viajábamos en mi automóvil, me interesaba saber cómo pensaba la mujer que tiene más de veintiséis mil millones de dólares en su fortuna personal. ¿De qué habla la gente que tiene éxito? ¿Cómo piensan los que sueñan en grande?

En el trayecto del viaje ella me contó su historia de esta manera: "Recuerdo como si fuera ayer, el tiempo de la gran depresión económica. Mi mamá hacía sopa y continuamente añadía más ingredientes para hacerla más abundante y así alimentarnos a nosotros y a los hijos de los vecinos que tenían nuestra edad, y no tenían qué comer. Pero aún en ese estado teníamos grandes expectativas para el futuro".

Fue así como confirmé que la mujer más rica de América inició su vida aprendiendo a soñar. Todos necesitamos aprender a soñar los sueños de Dios. Pero Él se encuentra con una fortaleza que no le permite avanzar para darnos sueños, y esta barrera es nuestra mentalidad acomodada y entrenada por el mundo.

Deseo que a través de estas páginas puedas derribar todo argumento que haya detenido el avance de los sueños de Dios. Un cambio de mentalidad será el punto de partida.

Deseo guiarte por una senda que conozco. Un camino donde desarraigarás el patrón menor de pensamientos, y labrarás proyectos triunfadores.

Sígueme cuidadosamente, yo conozco
este sendero. Al final de él, verás cómo
toda tu existencia ha cambiado. Estamos
frente a un día de libertad, donde las
barreras se caen y las limitaciones se quitan. Dios dice que "todo lugar donde pongamos nuestro pie será nuestro"; entonces
extendámonos en amplias dimensiones.

CAPÍTULO 1

NO
LIMITES
A DIOS

¿**H**as pensado alguna vez que puedes limitar al Dios Todopoderoso? Me parece ver tu cara de asombro mientras dices: "Harold, usted debe estar volviéndose loco". Pero no es así, muchas veces limitamos a Dios, aunque Él es ilimitado y omnipotente.

Limitamos la obra que Él puede hacer en nosotros a través de las fortalezas mentales e ideas preconcebidas. Estas ponen límite a lo que Dios quiere hacer en y a través de nosotros.

> *"Pues aunque andamos en la carne, no militamos según la carne; porque las armas de nuestra milicia no son carnales, sino poderosas en Dios para la destrucción de fortalezas, derribando argumentos y toda altivez que se levanta contra el conocimiento de Dios, y llevando cautivo todo pensamiento a la obediencia a Cristo, y estando prontos para castigar toda desobediencia, cuando vuestra obediencia sea perfecta."*
>
> (2 Corintios 10:3-6)

La Biblia dice que tenemos armas poderosas para la destrucción de fortalezas, de argumentos y de toda altivez que se levanta en contra del conocimiento de Dios. Una versión en inglés dice: "derribando argumentos e imaginaciones". La clave para alcanzar el destino y propósito que Dios ha preparado para nosotros se encuentra en nuestra mente.

Los pensamientos se atraen unos a otros. Una serie de pensamientos contrarios a la Palabra de Dios pueden transformarse en una altivez contra el conocimiento de Dios, y se forman luego una serie de argumentos peligrosos y dañinos. Asimismo, una cadena de argumentos puede crear una fortaleza.

Las fortalezas son barreras invisibles alojadas en la mente de las personas, incluso de creyentes llenos del Espíritu Santo. Esas barreras mentales no permiten que las personas alcancen lo que Dios tiene preparado para ellas.

La Palabra de Dios nos instruye acerca de cómo vencerlas para recibir la invitación de Dios a soñar su sueño.

> ¡No limites a Dios! Viaja con Él, y convierte tu vida en una maravillosa aventura.

¡No limites a Dios! Viaja con Él, y convierte tu vida en una maravillosa aventura. Él tiene sueños fantásticos para tu vida. Estoy seguro que para cada uno de esos sueños, Él pensó en ti. Porque cuando uno sueña el sueño de Dios, este se convierte en realidad.

EXPECTATIVA FRENTE A UN SUEÑO

Muchas veces las barreras mentales invisibles, cual una peste, son contagiosas y nos privan de caminar en la victoria que Cristo obtuvo por su propia sangre para nosotros. Esto podría contestar preguntas como: ¿Por qué se enferman los cristianos? ¿Por qué no prosperan los creyentes? ¿Por qué el cristiano no vive en la plenitud de la Biblia? ¿Por qué no poseemos todo lo que Cristo ya obtuvo para nosotros? ¿Por qué sufrimos si Cristo ya nos salvó?

Al pueblo de Israel le tocó vivir tiempos muy duros. Venían de una larga y pesada esclavitud en Egipto, y experimentaron una serie de milagros que habían afectado de manera extraordinaria la existencia de toda la nación.

Primero un niño, Moisés, fue salvado

milagrosamente de la sentencia de muerte que pesaba sobre todos ellos, por la estrategia de fe utilizada por su madre. Luego, ese mismo niño, ya adulto, fue llamado en forma milagrosa desde un arbusto en llamas y constituido como el líder del pueblo.

Más tarde una serie de plagas, que incluían piojos, moscas, ranas y muerte, hizo que un endurecido Faraón cambiara su parecer, y junto a todos los egipcios les rogó que se fueran, no sin antes entregarles milagrosamente oro y plata.

Ya de camino en el desierto, sus ropas y calzado no se gastaron en cuarenta años. Sobrenaturalmente cada día recibían maná del cielo. Todo fue prodigioso y sobrenatural. Y luego de toda esa larga travesía el pueblo se encontraba a las puertas de la "tierra prometida".

Siempre imagino cómo los padres de esas numerosas familias se sentarían durante las noches a contarles a los más pequeños la historia del pueblo. Comenzarían por Abraham y su historia rodeada de fe, promesas y un futuro preparado de antemano por el Señor. Continuarían con Isaac, Jacob, José y la promesa de Dios que les daría la posesión de una tierra donde fluiría leche y miel.

Marchaban y hacia allá iban con una promesa y una visión en el corazón: la que todos habían soñado y esperaban.

De pronto el campamento de Israel se conmocionó. Había tensión en el ambiente. Estaban ya a las puertas de la promesa.

"Los envió, pues, Moisés a reconocer la tierra de Canaán, diciéndoles: Subid (...) y observad la tierra cómo es, y el pueblo que la habita, si es fuerte o débil, si poco o numeroso; cómo es la tierra habitada, si es buena o mala; y cómo son las ciudades habitadas, si son campamentos o plazas fortificadas; y cómo es el terreno, si es fértil o estéril, si en él hay árboles o no; y esforzaos, y tomad del fruto del país. Y

era el tiempo de las primeras uvas. Y ellos
subieron, y reconocieron la tierra..."

(Números 13:17-21)

Cuando tenían de frente el territorio que tanto habían esperado, Moisés envió doce príncipes, un representante por cada tribu, para que espiaran la tierra prometida. Imagino la inquietud del pueblo y la relaciono a la experiencia que vivimos los habitantes de la Tierra, en 1969 a través de la televisión. Todos estábamos atentos para ver por primera vez al hombre poner un pie en la Luna.

De la misma forma, los príncipes de Israel pondrían por primera vez el pie en la tierra prometida. Todo el pueblo estaba atento. Escogieron a los doce que tendrían la gran responsabilidad. Llevaban en la espalda la expectativa y la emoción de todo este pueblo. Además, cargaban cientos de años de fe que esperaban el cumplimiento de la Palabra de Dios.

TIERRA BENDITA

> "Y llegaron hasta el arroyo de Escol, y
> de allí cortaron un sarmiento CON UN
> RACIMO DE UVAS, el cual trajeron dos en
> un palo, y de las granadas y de los
> higos. Y se llamó aquel lugar el Valle de
> Escol, por el racimo que cortaron de allí
> los hijos de Israel. Y volvieron de recono-
> cer la tierra al fin de cuarenta días. Y
> anduvieron y vinieron a Moisés y a
> Aarón, y a toda la congregación de los
> hijos de Israel, en el desierto de Parán, en
> Cades, y dieron la información a ellos y
> a toda la congregación, y les mostraron
> el fruto de la tierra."
>
> (NÚMEROS 13:23-26)

Todos esperaban, llenos de esperanza,
el informe de estos hombres. Lo mismo
que nos sucedió a nosotros cuando comenzaron a contarnos lo que Dios tenía preparado para nuestra nación. En el libro de
Apocalipsis leemos acerca de un río, y un

árbol cuyas hojas son para sanidad de todas las naciones, las calles de oro y las puertas de perlas.

Guatemala, Colombia, Chile, Perú, México, la Argentina y toda Latinoamérica estarán en la lista de las naciones que habrán de ser salvas. Con esa misma emoción, este pueblo esperaba el informe.

La tierra prometida era una tierra realmente bendita. ¿Vio alguna vez un racimo de uvas que tenga que ser cargado por dos personas? Los príncipes no podían salir de su asombro. Por días la emoción les embargó el corazón.

"¡Esta tierra es bendita! Esta es la tierra de la promesa. ¡Miren la belleza de la tierra, observen el fruto de la tierra, contemplen qué racimo!", proclamaban exaltados.

"Y les contaron, diciendo: Nosotros llegamos a la tierra a la cual nos enviaste, la que ciertamente fluye leche y miel; y este es el fruto de ella. Mas el pueblo que habita aquella TIERRA ES FUERTE, y LAS

> *CIUDADES MUY GRANDES Y FORTIFICA-*
> *DAS; y también vimos allí a los HIJOS DE*
> *ANAC."*
>
> (NÚMEROS 13:27-28)

Pero luego de haber mostrado las riquezas maravillosas de ese lugar, contaron que la tierra era difícil, las ciudades muy grandes y fortificadas y, como si fuera poco, estaban los hijos de Anac, que eran gigantes.

Las cabezas de los hijos de Israel se empequeñecieron y los corazones se fueron cerrando. Cuando la mente se opaca y la fe se apaga, la incredulidad y el temor se apoderan de ella, y nacen barreras. El pueblo había comenzado a autolimitarse en su capacidad de accionar.

ACTITUD CORRECTA

> *"Entonces Caleb hizo callar al pueblo*
> *delante de Moisés, y dijo: Subamos luego,*
> *y tomemos posesión de ella; porque más*

podremos nosotros que ellos. Mas los
varones que subieron con él, dijeron: No
podremos subir contra aquel pueblo, por-
que es más fuerte que nosotros."

(NÚMEROS 13:30-31)

Caleb era un hombre de valor. Hizo callar al pueblo delante de Moisés y le dio ánimo. Recuerdo a un pastor que cuando alguien comenzaba a hablar acerca de imposibilidades, críticas, dudas y temores, con amor le decía: "Mi oreja no es un basurero. No arrojes basura en ella".

Debemos ser hombres y mujeres valientes, con el temple que tenía Caleb como para detener la queja de la gente y cambiar su mentalidad negativa en una actitud positiva. Porque si lo que alguna persona va a expresar mata la fe, es mejor que alguien la haga callar.

PORQUE SI LO QUE ALGUNA PERSONA VA A EXPRESAR MATA LA FE, ES MEJOR QUE ALGUIEN LA HAGA CALLAR.

Ellos habían decidido que no podrían entrar en esa tierra. Pensaban que no podrían subir. Pero, ¿quién estaba hablando de "poder"? ¿Acaso ellos hubieran podido abrir el Mar Rojo? ¿Acaso hubieran podido abrir la peña para sacar el agua o fabricar el maná?

Ellos no habían hecho ninguno de estos milagros; sin embargo, en este texto se presentaban como expertos en el tema. Eso mismo le sucede a la gente pesimista y negativa: se vuelven expertos en lo que no se puede.

"Y hablaron mal entre los hijos de Israel, de la tierra que habían reconocido, diciendo: La tierra por donde pasamos para reconocerla, es tierra que traga a sus moradores; y todo el pueblo que vimos en medio de ella son hombres de grande estatura."

(NÚMEROS 13:32)

Después de cientos de años, el pueblo de Israel empezó a hablar mal de la promesa de Dios. Imaginas cómo debió sentirse Dios que levantó a Moisés, a Aarón, que libertó al pueblo, que mandó plagas al Faraón y los sacó de la esclavitud y se llevaron el oro y la plata de los egipcios. El Dios que les abrió el Mar Rojo, los alimentó diariamente con el mana, les dio agua y conservó su calzado y su vestido mientras caminaron por el desierto. ¡Y ahora hablaban mal de la promesa de Dios!

Muchas veces nos comportamos como el pueblo de Israel. Ellos osaron hablar mal, y para ese momento ya eran doctores en negativismo. Habían conseguido su maestría en la tierra prometida con solo haber estado allí cuarenta días.

Mirarnos a nosotros mismos

"También vimos allí gigantes, hijos de Anac, raza de los gigantes, y éramos nosotros, a nuestro parecer, como langostas; y así les parecíamos a ellos."

(Números 13:33)

El liderazgo de los príncipes se veía a sí mismo como langostas. Se bajaron a la calidad de insectos. Derrumbaron su autoestima, arruinaron su valor como individuos. Si tú eres un padre de familia, un hombre que predica la Palabra, jefe de una oficina, una persona que lidera a otros, debes tener cuidado de no poner un yugo esclavizador sobre la gente. No es necesario que nos digan que no podemos hacerlo... eso ya lo sabemos. Nosotros no podemos, pero Dios sí puede. Volvámonos expertos en lo que sí se puede, porque Dios dijo que no hay nada imposible para el que cree.

Soy un ejemplo de aquellos que creen. Veo puertas de posibilidades abiertas en todas partes. Siento que Dios nos invita a soñar cada día. Por eso, no necesito estar

> NO ES NECESARIO QUE NOS DIGAN QUE NO PODEMOS HACERLO... ESO YA LO SABEMOS. NOSOTROS NO PODEMOS, PERO DIOS SÍ PUEDE.

al lado de alguien que ponga barreras. No
me gustan los que solo ven obstáculos.
Necesito junto a mí a un soñador que
quiera hacer la obra de Dios sin límites.
Alguien que no piense en lo que falta,
sino en la meta de Dios.

Los latinoamericanos tienen por costumbre hablar en diminutivo. Algunos
creen que esta es una expresión de humildad, pero se equivocan. El diablo está
quitándoles las llaves de la bendición.
Padecen de complejo de inferioridad, y
jamás alcanzan el propósito y destino que
Dios ha preparado para ellos.

Alguien me dijo: "Tú no debes pensar
de esa manera. Es orgullo espiritual querer
conquistar naciones. Primero debes pensar en alcanzar el vecindario". El apóstol
san Pablo pensaba en continentes ente-
ros. Predicó dos años y toda Asia oyó el
Evangelio de Jesucristo. Si quiere pensar
en vecindarios está bien; yo escojo pensar
en continentes.

Si abrimos nuestro corazón y nuestra

mente, Dios hará que las cosas sucedan. Prefiero apuntar alto y fallar, que apuntar al suelo y acertar. No encojas tus metas. No tengas sueños pequeños. Abre tu corazón, sueña junto con Dios. Mira la vida desde arriba, sé como un águila, mira a la presa y lánzate a la conquista junto al Espíritu Santo.

CREER LO QUE DICEN

"Entonces toda la congregación gritó, y dio voces; y el pueblo lloró aquella noche."

(NÚMEROS 14:1)

El pueblo creyó lo que estos hombres dijeron. La mayoría de nuestros hermanos no se miran a sí mismos como Dios los ve. Tienen el *"no puedo"* en la punta de la lengua, grabado en el corazón.

La Palabra de Dios dice: *"Todo lo puedo en Cristo que me fortalece"* (Filipenses 4:13). No te amedrentes, no te desanimes ni te deprimas. Párate frente al espejo. Recuerda que eres el templo del Espíritu Santo y repite quién eres en Cristo Jesús.

> "Y se quejaron contra Moisés y contra Aarón todos los hijos de Israel; y les dijo toda la multitud: ¡Ojalá muriéramos en la tierra de Egipto; o en este desierto ojalá muriéramos!"
>
> (NÚMEROS 14:2)

Este decaído pueblo prefería morir. Eso sucede cuando los líderes matan la esperanza del pueblo, cuando ya no hay fe ni una meta. Yo anhelo que tú desees dejar tu marca en la Tierra. Que dentro de diez generaciones todavía recuerden quién fuiste, y te recuerden como quién cambio la historia de su ciudad, porque no tuvo limitaciones ni barreras, sino que creyó y aceptó la invitación de Dios a soñar un gran sueño.

> "¿Y por qué nos trae Jehová a esta tierra

> *para caer a espada, y que nuestras mujeres*
> *y nuestros niños sean por presa? ¿No nos*
> *sería mejor volvernos a Egipto? Y decían*
> *el uno al otro: Designemos un capitán, y*
> *volvámonos a Egipto."*
>
> (Números 14:3-4)

La mente de estas personas estaba reducida a causa de las fortalezas y los argumentos. Todo el pueblo lloraba, murmuraba y se quejaba. Preferían morir o volver a Egipto que creerle a Dios. Pero mientras tenían esta tormenta en su cabeza, ¿dónde estaba Dios? Él continuaba en su trono.

Aún antes de haber luchado, ya se sentían derrotados. Deseaban ser esclavos y regresar a Egipto, pero ni siquiera eran capaces de tomar un camino de regreso, necesitaban otro capitán. El "ejército de langostas" reclamaba un "capitán langosta" para poder volver.

CARACTERÍSTICAS
DE LOS HIJOS DE DIOS

> "Y Josué (...), y Caleb (...) hablaron a
> toda la congregación (...) diciendo: (...)
> La tierra (...) es (...) en gran manera bue-
> na. Si Jehová se agradare de nosotros, él
> nos llevará a esta tierra, y nos la entrega-
> rá; tierra que fluye leche y miel. Por tanto,
> no seáis rebeldes contra Jehová, ni temáis
> al pueblo de esta tierra; porque nosotros
> los comeremos como pan; su amparo se ha
> apartado de ellos, y con nosotros está
> Jehová; no los temáis. Entonces toda la
> multitud habló de apedrearlos. Pero la
> gloria de Jehová se mostró en el taberná-
> culo de reunión a todos los hijos de
> Israel."
>
> (NÚMEROS 14:6-10)

Luego de una discusión surge un
gigantesco choque de argumentos. Es la
confrontación del argumento de diez
contra el de Josué y Caleb. Y prevaleció la

mayoría. Siempre el positivo es persegui-
do. El optimista es criticado. Todos se
burlan de él. Pero sé que el hombre y la
mujer de fe son defendidos, ya no por
Moisés o Josué, sino por el Dios Todopoderoso.

La gloria de Dios vino y todos en el
pueblo la vieron.

> "Y Jehová dijo a Moisés: ¿Hasta cuándo
> me ha de irritar este pueblo? ¿Hasta
> cuándo no me creerán? (...) Yo los heriré
> de mortandad y los destruiré, y a ti te
> pondré sobre gente más grande y más
> fuerte que ellos."
>
> (NÚMEROS 14:11-12)

Cuando el Señor vio la falta de fe, la
incredulidad y el negativismo, quiso
enviar un juicio. Dijo: "Me irritaron, no
me creyeron, voy a barrerlos de la Tierra
y elegiré a otros más grandes y más fuer-
tes que ellos".

Estas son las características que Dios

desea ver en su pueblo: "Quiero un pueblo más grande y más fuerte". A Dios no le complacen los debiluchos. Muchos creen la mentira religiosa que trata de ocultar la debilidad e incredulidad bajo los vestidos de la humildad. Pero se puede ser fuerte como Moisés y ser el hombre más manso de la Tierra. Eso es lo que Dios pretende de nosotros. La Palabra dice:

"Mira que te he puesto en este día sobre naciones y sobre reinos, para ARRANCAR y para DESTRUIR, para ARRUINAR y para DERRIBAR, para EDIFICAR y para PLANTAR."

(Jeremías 1:10)

En este texto hay seis verbos: cuatro de destrucción y dos de edificación. Después de la acción de los primeros cuatro verbos no queda nada: arrancar, derribar, arruinar y destruir. Luego de poner en práctica la acción de cada uno de ellos, se está listo para edificar y plantar.

El mensaje que intento llevar a tu mente y corazón es que necesitamos desvestirnos del hombre viejo, porque tiene deseos engañosos. El hombre viejo tiene ideas de la lógica, del mundo natural, que no corresponden a la verdad de la Biblia. La Palabra dice que nos desvistamos del hombre viejo, y que seamos revestidos del nuevo hombre creado según Cristo.

Necesitamos obtener la nueva vestimenta de la Palabra de Dios. Después de derribar, arrancar, destruir y arrancar es tiempo de edificar y de plantar.

Nombres recordados

Luego de todo esto, Moisés clama en una lección de oración intercesora, y toca el corazón de Dios. Y el Señor perdona al pueblo cuando dice:

"Yo lo he perdonado conforme a tu dicho.
Mas tan ciertamente como vivo yo, y mi

gloria llena toda la tierra, todos los que
vieron mi gloria y mis señales que he hecho
en Egipto y en el desierto, y me han tenta-
do ya diez veces, y no han oído mi voz,
no verán la tierra de la cual juré a sus
padres; no, ninguno de los que me han
irritado la verá. Pero a mi siervo Caleb,
por cuanto hubo en él otro espíritu, y deci-
dió ir en pos de mí, yo le meteré en la tierra
donde entró, y su descendencia la tendrá
en posesión."

(NÚMEROS 14:20-24)

Ninguno recuerda los nombres de los diez espías negativos, sin embargo nos acordamos de Caleb y Josué. ¿Le gustaría ser recordado de esa manera?

Dios quiere cambiar lo imposible en posible. Dios quiere hacer un milagro. Lo que limita a

ENAMÓRATE DEL SUEÑO DE DIOS, ABRÁZALO CON TODAS TUS FUERZAS, Y SE TE VERÁ REMONTADO A NUEVAS ALTURAS.

Dios es la mente humana. Comenzar a creer el maravilloso sueño que Dios nos ha invitado a soñar es el comienzo de una vida de realización. Enamórate del sueño de Dios, abrázalo con todas tus fuerzas, y se te verá remontado a nuevas alturas.

CAPÍTULO 2

MENTES
RENOVADAS

El Pastor John Osteen tuvo un hermoso sueño hace unos diez años. Durante su sueño, él caminaba por el cielo. Era un lugar grande como una gran bodega. Y mientras caminaba miraba a su izquierda y había muchos regalos. Al mirar hacia la derecha también había muchos regalos. Al caminar entre tantos hermosos regalos, decidió preguntarle al Señor: "Padre, ¿qué son todos estos regalos?" A lo que nuestro Dios respondió: "Son todas las respuestas a las oraciones de mis hijos, que ellos nunca vienen a recoger".

La Palabra de Dios está llena de promesas que son "sí y amén". Dios no puede mentir, ya que Él no es hombre para que mienta, ni hijo de hombre para que se arrepienta. Sin embargo, nosotros no vivimos la plenitud de lo que Él quiere.

Si Dios tiene grandes cosas para mi vida, ¿qué impide que pueda acceder a ellas? Hay limitaciones, barreras que no permiten que reciba todo lo que Él tiene para mí. Esas barreras están en mi mente, en mi alma. Están allí porque todavía yo no he renovado mi alma y mi mente para aceptar, para recibir todo lo que Dios tiene para mi vida.

Necesito dejar atrás mi antigua manera de pensar y renovar mi entendimiento con la Palabra de Dios (Efesios 2:10).

ARREPENTIRSE Y CAMBIAR

"Se ha cumplido el tiempo —decía—. El reino de Dios está cerca ¡Arrepiéntanse y crean las buenas nuevas!"

(MARCOS 1:15, NVI)

Este es el primer mensaje del Señor
Jesucristo que relata el evangelista Marcos. Es la primera expresión pública de los
labios de Jesús. Supongo que las personas
que estaban a su alrededor se pregunta-
ban: "¿De qué nos arrepentiremos?" El
mensaje decía que el tiempo se había
cumplido y el Reino de Dios se había
acercado, por lo tanto debían arrepentirse
y creer en el evangelio.

Arrepentirse significa cambiar de mentalidad, de manera de pensar. Es cambiar
totalmente de rumbo y de dirección en la
vida. Significa que si estoy caminando
hacia el norte y me arrepiento, doy la
vuelta y me encamino hacia el sur.

Eso es exactamente lo que el Señor
demanda de nosotros, un cambio de
mentalidad, de derrotero. Necesitas arre-
pentirte de tu vieja mentalidad, dejar
atrás lo que pertenece al pasado y ahora,
en lugar de creer lo que creías, creer en el
Evangelio.

Pablo lo expresó con estas palabras:

> *"Con respecto a la vida que antes lleva-*
> *ban, se les enseñó que debían quitarse el*
> *ropaje de la vieja naturaleza, la cual está*
> *corrompida por los deseos engañosos; ser*
> *renovados en la actitud de su mente; y*
> *ponerse el ropaje de la nueva naturaleza,*
> *creada a imagen de Dios."*
>
> (Efesios 4:22-24, NVI)

Nuestra manera de pensar es la extensión, la expresión de pensamientos, conceptos y argumentos que vienen de nuestras tradiciones. Los arrastramos de nuestros antepasados y es lo que todos llamamos "nuestra cultura". Hoy somos el resultado de lo que hemos recibido, de nuestra herencia genética, espiritual y ambiental.

La formación que nos han dado a través de nuestros padres, lo que nos dicen nuestros amigos en el lugar de trabajo y las enseñanzas de nuestra iglesia, han creado en cada uno lo que llamamos la "filosofía de la vida".

Fuimos programados para creer solo en aquellas cosas que pensamos que pueden ser posibles. Cuando alguien nos dice o imaginamos que algo es imposible, tomamos el rumbo más seguro y aceptamos la imposibilidad de lograrlo.

Pero mientras caminamos por esta segura y aburrida senda, aparece Jesús y dice: "¡Alto! ¡Arrepiéntete! ¡Cambia tu mentalidad y cree en el evangelio!" La buena nueva es que fuimos creados a imagen y semejanza de Dios (Génesis 1:26). De toda la creación, de todos los seres vivos, solo nosotros fuimos creados a imagen y semejanza de Dios.

"Porque somos hechura suya, creados en Cristo Jesús para buenas obras, las cuales Dios preparó de antemano para que anduviésemos en ellas."

(EFESIOS 2:10)

Dios te creó de una manera perfecta. Él invirtió su tiempo, su trabajo, su esfuerzo y te hizo perfecto. Él puso en ti los dones y talentos, las habilidades para que fueras parte de su propósito. En el plan de Dios para ti hay un sitio.

El evangelio de Jesucristo también consiste en el mensaje positivo de las buenas nuevas. Somos nuevas criaturas, tenemos una nueva vida, somos una nueva creación. Tuvimos un nuevo nacimiento y un nuevo corazón, tenemos una nueva naturaleza y podremos tener un nuevo destino, una nueva esperanza en Cristo Jesús. Esas son las buenas nuevas. Pero el Señor nos dice que debemos desvestirnos del viejo hombre, arrepentirnos y creer en las buenas nuevas de salvación.

El mundo está inundado de malas noticias; la televisión, la radio o el periódico son los portadores de esta información. Esto es así porque están diseñados por el mundo, y el mundo entero está bajo el maligno (1 Juan 5:18). Pero Jesús dice: "Arrepiéntete, cambia tu mentalidad, ábrete a las buenas noticias". No creas más lo que dice el mundo, comienza a creer lo que dice la Palabra del Señor.

Nuestra actitud
determina nuestro futuro

Hace un tiempo vi una caricatura de dos esquimales que pescaban. Uno de ellos tomó una herramienta y abrió un hoyo en el hielo. Puso un banquito, enrolló sus piernas con una manta, sacó su hilo de pescar y lo puso en el agujero. El esquimal esperaba pescar.

Pero luego llegó el segundo. Tomó una herramienta y comenzó a caminar abriendo hoyos. El otro esquimal no entendía lo que este hacía. Cuando terminó, había dibujado su hoyo con el tamaño de la silueta enorme de una gran ballena. Puso su banquito, enrolló sus piernas con una manta, y tiro su sedal. Al ver la actitud del segundo esquimal, el primero se dio cuenta de que estaba haciendo algo mal. ¿No será que la buena actitud es contagiosa? La mentalidad cambia nuestra actitud, y nuestra actitud determina nuestro futuro.

La persona que no conoce a Jesús dice: "Esta enfermedad es terminal, no se puede hacer nada, estoy desahuciado". Pero el que conoce a Cristo dice: "Estoy conectado con la fuente de la vida, con el Sanador, con el Hacedor de milagros".

Hace algunos años, un joven enfermo, recién graduado de ingeniero, con toda la vida y el futuro por delante, padecía de esclerosis múltiple. Cuando le diagnosticaron la enfermedad alguien le habló a mi suegra, la hermana Asunción, sobre el muchacho y le pidió que orara por él.

Todos los que rodeaban a este joven habían declarado su próxima muerte y la manera en que su cuerpo se deterioraría. Primero perdería sus facultades a gran velocidad, y no tendría recuperación. Había una asociación civil exclusivamente dedicada a la investigación de la esclerosis múltiple, pero aún no habían descubierto cómo curarla. Dios envió a mi suegra, que no conocía nada de esclerosis múltiple, pero sabía que hay un Dios Todopoderoso, que es el mismo ayer, hoy y siempre, y que podía curarlo.

Este joven era un experto en esclerosis múltiple, igual que los doce príncipes de Israel, que en solo cuarenta días de estar en la tierra prometida creían saber todo de ese lugar como si hubieran vivido veinte años allí. Este joven había rodeado de personas que inculcaron conocimientos negativos, de destrucción y muerte. Todos ellos se transformaron en fortalezas que lo llevaban a la misma muerte.

Para lograr derribar esos argumentos negativos que gobiernan nuestros pensamientos, necesitamos recorrer algunos pasos necesarios

> SI PIENSAS EN LO QUE TE FALTA, LO QUE NO PUEDES O NO TIENES, LA MENTE SE ACOSTUMBRA A LOS "NO" Y SE PRIVA DE LOS "SÍ" DE DIOS.

como recibir nuevo conocimiento que
traiga esperanza y nueva manera de pensar, que provenga de la Palabra de Dios.
Cuando este sustituyó sus pensamientos
de muerte, la esperanza de vida de Jesucristo rompió la limitación que le impedía
recibir, creyó y se preparó para recibir el
milagro de sanidad que Dios tenía para él.
En 1 Pedro 2:24 leemos: *"por cuya herida
[por la de Jesús] fuisteis sanados"*. Si piensas en
lo que te falta, lo que no puedes o no tienes, la mente se acostumbra a los *"NO"* y
se priva de los *"SÍ"* de Dios.

DESARROLLAR UNA BUENA ACTITUD

Pero... ¿cómo puedo desarrollar una
buena actitud?

Hace un tiempo, me desperté a media-
noche y copié estas frases que creo me
fueron dictadas por el Señor; me decía
cómo cambiar de actitud. Tomé una hoja
y escribí: "Leer para creer. Soñar para
lograr. Recibir para transmitir".

1. LEER PARA CREER

Lo primero que tienes que hacer es ir a la Palabra y escudriñarla. Cuando leemos la Biblia empezamos a vernos distintos. Tu actitud depende del material con que alimentas tu vida. La buena actitud solo puede venir de la Palabra de Dios. Necesitas desarrollar tu sentido espiritual para recibir la palabra específica que cambiará tu vida. Muchos de los hispanos traemos en nuestro bagaje la vieja mentalidad religiosa, donde la persona va a una capilla y el sacerdote es el que le enseña todo. Él es el que oye a Dios y le enseña al pueblo. Esto no es cierto ni bíblico. La Palabra de Dios nos enseña que cada uno puede leer la Palabra y oír al Dios vivo. El Dios Todopoderoso nos habla, el Espíritu Santo nos guía y nos enseña lo que ha de venir.

TU ACTITUD DEPENDE DEL MATERIAL CON QUE ALIMENTAS TU VIDA.

Todos tenemos el privilegio y la oportunidad de entrar a la presencia del Dios
viviente, en una relación personal, sin
necesidad de intermediario.

2. SOÑAR PARA LOGRAR

El sueño es el lenguaje de Dios. Dios
quiere darte sueños para que alcances
grandes cosas para Él. El Señor busca
siempre a alguien en el que pueda deposi-
tar sus ideas y sueños que transformen a la
humanidad. Dios necesita un socio en la
Tierra que lleve a cabo su plan divino, y Él
te ha elegido a ti para eso.

Hace muchos años Dios eligió a un
hombre llamado Abram para que fuese su
socio. Le hizo una promesa: "Tendrás una
descendencia numerosa", pero Abram
tenía una mentalidad de imposibilidades.
Pasaron veinticuatro años y la promesa no
se hacía realidad, no podía tener hijos, y
se iba poniendo cada vez más viejo.
Entonces Dios se le apareció y le dijo:
"Desde ahora te vas a llamar Abraham,

que significa: `Padre de una multitud'". Abram era un hombre importante en su medio. Desde ese momento debía presentarse ante sus amigos y decir: *"Desde ahora soy padre de una multitud"*. La gente debe haberse reído; creería que el hombre se estaba poniendo senil. Pero Dios estaba cambiando su manera de confesar. Al cambiarle su nombre lo obligó a modificar su forma de hablar. Entonces el sueño empezó a vislumbrarse, Abraham comenzó a creerlo, se sintonizó con Dios, y lo que había tardado veinticuatro años sin resultados, sufrió un cambio tan drástico que en tres meses su esposa estaba embarazada y nueve meses más tarde abrazaba a su primogénito Isaac. Necesitas soñar para alcanzar.

3. RECIBIR PARA TRANSMITIR

Dios quiere que recibas lo que tiene preparado para ti y que después lo transmitas a otros. El egoísta que tiene sueños y visiones le pone techo a lo que puede

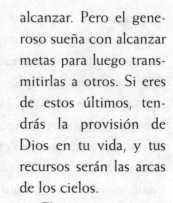

EL GENEROSO SUEÑA CON ALCANZAR METAS PARA LUEGO TRANSMITIRLAS A OTROS.

alcanzar. Pero el generoso sueña con alcanzar metas para luego transmitirlas a otros. Si eres de estos últimos, tendrás la provisión de Dios en tu vida, y tus recursos serán las arcas de los cielos.

El sueño no es para nosotros sino para dar, para amar, para ofrendar, para entregar y transmitir. Sueña sueños grandes que alcancen a otras personas que hablen otros idiomas, que tengan otra fisonomía, pero que puedan ser bendecidas por el mismo Dios.

Es tan emocionante leer lo que dijeron Pedro y Juan cuando entraban al templo, y el mendigo les pidió dinero. Pedro le dijo: *"No tengo plata ni oro, pero lo que tengo te doy"* (Hechos 3:6). Pedro tenía el Espíritu Santo, el poder de Dios. No lo envió al hospital, ¡lo sanó en el nombre de Jesús!

Recibir para transmitir. Dios quiere que seas lleno de su poder para darle a un mundo hambriento y sediento las respuestas de Dios. Que puedas suplir la necesidad de la gente. Ellos te dirán: "No sé qué es lo que tienes, pero lo quiero. Estás lleno de vida y de paz". Tu vida y tu paz tienen un nombre, y ese nombre es Jesucristo.

CONOCIMIENTO GLOBAL DEL EVANGELIO

Todos los cristianos deberíamos tener un concepto global del evangelio, una perspectiva que se llama "filosofía del ministerio". Es parte de una cultura cristiana que nos ayudará a decidir que cuando vengan pensamientos, no los recibamos en nuestra mente solamente porque parezcan religiosos.

Muchas veces me encuentro con cristianos, algunos pastores, que me dicen: "Fíjese hermano todo lo malo que el Señor me hizo, esto y aquello". Al oírlos hablar pienso que no se refieren al mismo Dios que yo conozco. No puedo creer que Él haga eso porque lo conozco personalmente y sé quién es Dios. Él es un Dios de amor, de compasión, de misericordia y de poder. Entonces no recibo el pensamiento que esa persona quiere inculcarme. Este pensamiento de altivez contra Dios no pertenece a la Biblia.

Para una situación como esta, mi mente tiene un sistema de alarma que comienza a decir: "¡Alerta! ¡Alerta!" Necesitamos tener una perspectiva global de Dios, una perspectiva global de Cristo, un concepto total del evangelio de Jesús.

Para conocer cuál es el evangelio completo debemos tener en cuenta dos versículos muy importantes. El primero de ellos es:

"Y ahora permanecen la fe, la esperanza y el amor, estos tres; pero el mayor de ellos es el amor."

(1 CORINTIOS 13:13)

La Palabra de Dios nos presenta las características que nos guiarán en la búsqueda de un evangelio completo, para alcanzar la perspectiva de Dios.

La fe, la esperanza y el amor constituyen la perspectiva global del evangelio del Señor Jesucristo. Todas las personas que predican el Evangelio, ya sean pastores o simplemente cristianos, deben considerar que tendrán el corazón de la gente en la mano, que obtendrán la atención de las personas. Por esa razón tendrán que hablar fe, esperanza y amor. No tenemos derecho para hablar condenación, culpa ni juicio, esa no es nuestra tarea.

Y el segundo pasaje es:
"Vino a Nazaret, donde se había criado; y en el día de reposo entró en la sinagoga, conforme a su costumbre, y se levantó a leer. Y se le dio el libro del profeta Isaías; y habiendo abierto el libro, halló el lugar donde está escrito..."

(LUCAS 4:16-17)

En este pasaje se describe qué hizo Jesucristo de su ministerio. El texto dice que halló el lugar donde estaba escrito el texto. Si lo halló es porque lo buscó. No abrió el rollo del libro de Isaías y leyó lo que le apareció, sino que buscó un pasaje determinado y lo halló.

Entonces lo leyó:

"El Espíritu del Señor está sobre mí, por cuanto me ha ungido para dar buenas nuevas a los pobres; me ha enviado a sanar a los quebrantados de corazón; a pregonar libertad a los cautivos, y vista a los ciegos; a poner en libertad a los oprimidos; a predicar el año agradable del Señor. Y enrollando el libro, lo dio al ministro y se sentó; y los ojos de todos en la sinagoga estaban fijos en él."

(LUCAS 4:18-20)

Los judíos conocían de memoria los textos de la Palabra de Dios. Sabían cada palabra de un versículo y probablemente mientras Jesús leía, repetirían en voz baja la frase siguiente a la que Jesús leía. Los imagino a todos siguiendo la lectura con atención. Pero de repente Él se detuvo, y cuando ya no habló, dice el texto que *"los ojos de todos en la sinagoga estaban fijos en él"*. ¿Has pensado alguna vez por qué los ojos de todos estaban fijos en Él?

Isaías 61 es el pasaje que Jesús leyó en la sinagoga de Nazaret. Este texto describe la razón por la que vendría el Mesías: *"Me ha enviado a predicar buenas nuevas a los abatidos, a vendar a los quebrantados de corazón, a publicar libertad a los cautivos, y a los presos apertura de la cárcel; a proclamar el año de la buena voluntad de Jehová"* (v. 1). Pero allí no termina la frase. En el segundo versículo continúa y dice: *"y el día de venganza del Dios nuestro"*. Pero Jesús no leyó esa parte, se detuvo justo antes. Jesús no anunció el día del juicio ni la condenación.

Ellos conocían este pasaje y esperaban la lectura de la segunda parte. Pero cuando Jesús se detuvo y puso un punto en la frase en vez de una coma, expresó con su silencio que ya no habría venganza, juicio ni condenación para los hombres, porque el juicio y la condenación serían sobre Él para que no sea sobre nosotros.

Es indispensable que veamos el Evangelio de forma correcta. Jeremías 29:11 en la paráfrasis "La Biblia al día", dice:

> *"Pues conozco los planes que para ustedes tengo, dice el Señor. Son planes de bien y no de mal, para darles un futuro y esperanza".*

El evangelio de Cristo cambia tu mentalidad. Deja de esperar lo que estabas esperando. Deja de pensar como piensa y actúa el mundo. Deja de entretener tu mente con los pensamientos del mundo. Arrepiéntete y cree el evangelio; un nuevo tiempo te espera.

VALORAR O VALUAR TU VIDA

Dios te creó a su imagen y a su semejanza, y todas las cosas que observas a tu
alrededor las creó para sus hijos, para
nosotros.

El otro día tuve un pensamiento extra-
ño mientras subía en la carretera camino a
mi hogar. Miraba el paisaje y observaba lo
hermoso que era. Luego se me cruzó una
idea loca, pensé: "¿Y si Dios fuera tacaño
y hubiera hecho el mundo en blanco y
negro?" Pero no sucedió así, Él lo hizo
hermoso. El amanecer es precioso como
también lo es el atardecer. Los árboles son
bellos, los animales, el cielo y el mar también lo son. Todas las cosas Dios las creó
muy bellas y las creó para la raza humana.
En el tiempo de Jesús había un conflicto
religioso. Los fariseos, que se escudaban
en la religión, le dijeron a Jesús: "¿Cómo
se te ocurre sanar a la gente en sábado?
Eso no es posible". Pero Jesús puso las
cosas en la perspectiva de la Palabra de

Dios: *"El día de reposo fue hecho por causa del hombre, y no el hombre por causa del día de reposo"* (Marcos 2:27).

Debemos cambiar nuestra mentalidad. Tenemos la mentalidad tan torcida que confundimos el valor de la gente con el valor de las cosas. Valuamos las cosas y despreciamos a la gente. Sin embargo, la gente fue hecha a imagen y semejanza de Dios.

En nuestra cultura hispanoamericana, nos gusta ir de compras a los Estados Unidos porque las cosas allí son baratas. Pero cuando contratamos la mano de obra en ese mismo país, notamos que es cara. Recuerdo una vez que adquirimos un automóvil. Yo quería un soporte para apoyar el brazo y lo compramos. Costaba $ 80.- Me preguntaron si quería que lo colocaran, y acepté. Cuando fui a pagar, me cobraban $ 200.-. Lo que yo no había leído bien era que costaba $ 80.- la hora de mano de obra del empleado que colocaría la pieza. Una hora y media de trabajo costo $120.-. Entonces pensé: "la gente vale más que las cosas".

Sin embargo, en Guatemala, mi país, las cosas son caras, pero la mano de obra es barata, porque no valoramos a la gente. Cambia tu mentalidad y comienza a valorar a la gente. Porque es muy triste amar las cosas y usar a las personas, en lugar de amar a las personas y usar las cosas.

UN NUEVO VALOR

Cierto día, un hombre endemoniado de la región de Gadara fue libre de una legión de demonios. Ante tal milagro, el hombre se enamoró de Jesucristo y quiso seguirlo, pero Jesús se lo impidió, lo envió como evangelista a Decápolis (diez ciudades), a predicar la gloria de Dios. Y así lo hizo.

En otra historia preciosa Jesús habló con una mujer samaritana. Aunque un judío no debía hablar con un samaritano, Jesús habló con ella y le dijo que *"cinco maridos has tenido, y el que ahora tienes no es tu marido"* (Juan 4:18). Esta mujer era una adúltera. Los fariseos la hubieran desterrado y apedreado, pero Jesús no. Le dijo que si bebía del agua que Él le daba, saltaría de su interior una fuente para vida eterna.

La Palabra dice que cuando la mujer samaritana regresó a su ciudad, muchos creyeron por la palabra de ella. Ella también se convirtió en evangelista y proclamó lo que Cristo había hecho en su corazón. Dios nos da valor, pero nos da valor para darnos amor, y nos da amor para repartir.

Muchas veces me pongo a pensar dónde estaría yo hoy si Dios no me hubiera salvado. Iba directo a la perdición. Pero un día Jesús, lleno de amor, me dijo: "Alto, arrepiéntete, cree en el Evangelio. Haré de ti una nueva persona y vendrán muchos, y les hablaré de mí a través de ti. Te daré un nuevo valor. Ya no serás Harold, sino mi vocero. No serás tú, seré yo a través de ti. Le daré valor a tu vida y bendeciré a otros a través de ti".

¿Qué hay de bueno en nosotros? Lo que hay de bueno habita en el espíritu y se llama Padre, Hijo y Espíritu Santo, y moran en nosotros. Hablan a través de ti, tocan a través de ti, bendicen a través de ti. Hay un nuevo valor en nosotros porque Cristo vino a morar en nuestro corazón.

> DEBEMOS DESARROLLAR UNA NUEVA ACTITUD, UNA NUEVA MENTALIDAD, UN SUEÑO GRANDE.

Debemos desarrollar una nueva actitud, una nueva mentalidad, un sueño grande. Soñemos con una nueva Latinoamérica, una nueva generación, un nuevo continente lleno de la gloria de Dios.

El mayor llamado que puede existir para la humanidad es servir a Cristo; es el mejor de los empleos, la mejor de las circunstancias.

CAPÍTULO 3

LEVÁNTATE PARA SERVIR

ÚTILES EN LAS MANOS DE DIOS

"Habiendo entrado Jesús en Jericó, iba pasando por la ciudad. Y sucedió que un varón llamado Zaqueo, que era jefe de los publicanos, y rico, procuraba ver quién era Jesús; pero no podía a causa de la multitud, pues era pequeño de estatura."

(LUCAS 19:1-3)

Zaqueo no era un religioso. Este hombre de corta estatura, rico, jefe de publicanos, fue a ver a Cristo pues todos hablaban de Él. Determinado a verlo enfrentó una gran multitud, y aunque intentaba lograrlo, no podía.

PARA IR CUESTA ARRIBA ES NECESARIO LUCHAR. SE NECESITA ESFUERZO, AGALLAS.

Entonces hizo un esfuerzo, buscó una posición más elevada para ver a Cristo. Se esforzó para subir a un árbol y buscar el lugar correcto para una buena visión. Descender es fácil. Resbalarse con la corriente es sencillo, pero para ir cuesta arriba es necesario luchar. Se necesita esfuerzo, agallas.

Algunas personas dicen: "Esos eran sueños de mi juventud, pero ya soy viejo, no tengo energía para eso". Otros comentan: "Yo tenía ese sueño, pero lo guardé bajo la alfombra de mis frustraciones. Cuando tenía veinte años soñaba, ahora ya no puedo".

Quiero animarte a que desempolves tus sueños, tus visiones, lo que querías hacer. Hoy puede ser el primer día de lo mejor de tu vida, si lo recibes de Dios. No tienes por qué dejar tu visión guardada, tu sueño tirado, Dios quiere levantarte.

La edad no tiene que ser un problema. Cuando cumplas ochenta años habrás llegado a la "edad de la fuerza", la misma que tenía Moisés para libertar a Israel de la esclavitud de Egipto. Cuando cumplas ochenta años, entonces tendrás el vigor que tenía Josué para tomar la tierra prometida.

La gente tiene pretextos, se esconde tras fortalezas. Pero no le des oportunidad al diablo. Rompe las fortalezas.

Un pastor de la ciudad de Buenos Aires, Argentina, me contó este testimonio. Dios le había hablado de no desperdiciar a la gente. Entonces se le ocurrió que los más viejitos estaban sin ocupaciones y con muchas fuerzas, y no eran tomados en cuenta para el servicio de la Iglesia. Siempre se reunían a jugar al dominó, y en lugar de hacer eso podían ganar almas para Cristo. Cuando despertó a esa realidad decidió ponerlos al servicio del Señor y los entrenó y les enseñó la mejor manera de lograrlo. Tiempo después, estos señores habían ganado doscientas personas para Cristo en pocas semanas, y formaron una nueva iglesia. No tires a la basura las ilusiones.

> *"Y sucedió que un varón llamado Zaqueo, que era jefe de los publicanos, y rico, procuraba ver quién era Jesús; pero no podía a causa de la multitud, pues era pequeño de estatura. Y CORRIENDO DELANTE, SUBIÓ A UN ÁRBOL sicómoro para verle; porque había de pasar por allí"*
>
> (LUCAS 19:2-4)

La gente que se quedó entre la multitud nunca vio a Cristo. Zaqueo tuvo una decisión diferente, independiente, se fue corriendo delante de la multitud.

> *"Cuando Jesús llegó a aquel lugar, mirando hacia arriba, le vio, y le dijo: Zaqueo, date prisa, desciende, porque*

LEVÁNTATE PARA SERVIR   71

hoy es necesario que pose yo en tu casa.
Entonces él descendió aprisa, y le recibió
gozoso."

(LUCAS 19:5-6)

¿Cómo mirarías hoy a un señor de
mediana edad, vestido con un traje, cha-
leco y corbata, además de ser jefe de
publicanos y rico, colgado de la rama de
un árbol para ver a Jesús?

Jesús levantó su vista y vio al publica-
no trepado del árbol, y lo llamó por su
nombre: "Zaqueo, quiero ir a tu casa".
Entonces Zaqueo bajó del árbol pues
había logrado su propósito, y marchó a su
casa con Jesús.

EL LUGAR DEL MILAGRO

Recuerdo una prédica que escuché una
vez, de la que tomo una frase que me
impactó: "Nadie quiere un milagro, porque para querer un milagro hay que estar
en un problema". Solo el que está en una

"Nadie quiere un milagro, porque para querer uno hay que estar en un problema".

&

dificultad necesita un milagro. El hombre que se puso a construir una iglesia y no tiene el dinero para terminarla, necesita un milagro. El que se fue a evangelizar a Perú y no tiene pasaje de regreso, necesita un milagro.

Debemos abandonar la comodidad en nuestra vida. Necesitamos un desafío para hacer algo nuevo e ir adelante, al lugar donde están los milagros. Lo posible puede ser hecho por todo el mundo, lo que nos corresponde hacer a nosotros es lo imposible. La Palabra revela que cuando Jesús pasó, miró hacia arriba y vio a Zaqueo, porque abajo no había nada que ver. Entre la multitud estaban los mediocres. En el piso estaban todos los que sí pueden. En el árbol, arriba, estaban los que quieren algo más allá de sus propias posibilidades.

Si quieres encontrarte con Cristo tendrás que encontrarte arriba. No mires para abajo, no mires las circunstancias, mira hacia arriba.

Hace algunos años, el Dr. David Yonggi Cho contó que había viajado a Estados Unidos y vio cómo ocurrían milagros durante las reuniones en las que predicaba el hermano Oral Roberts. Luego, fue a otra iglesia y también vio ocurrir milagros. Y dijo: "Nosotros que hemos orado por los enfermos, nunca hemos visto milagros". Al domingo siguiente, cuando regresó a su iglesia, pasó al frente y dijo: "Jesús es el Sanador. Él quiere sanar a los enfermos. La Palabra de Dios dice que por sus llagas Él sanó nuestras enfermedades. Jesús está aquí y quiere hacer milagros. Pasen al frente aquellos que deseen recibir un milagro". Los enfermos comenzaron a pasar. Entonces se alejó del micrófono y le habló en secreto a Cristo, le dijo: "Señor ahora tendrás que hacer algo. No puedes quedar mal, yo les dije que tú serías el que lo haría".

Ponte en el lugar de la necesidad de recibir un milagro. Si te pones mojigato y dices: "Lo que sucede es que no puedo, además no sé hablar", ciertamente no llegarás nunca a ningún lado. Sé arrojado, valiente, llénate de coraje y vé con Cristo. Súbete a un árbol y míralo. Frente a frente, cara a cara, oirás su voz.

LA VOZ DE DIOS

Me gusta oír la voz de Dios, así como me gusta oír la voz de mi mamá o la de mis hijos. Pero no quiero oír la voz de Dios y hacer el ridículo al cuestionarle: "Oí una voz, ¿podrías decirme si es la de Dios?"

¿Te has fijado que en el supermercado hay muchas madres a cualquier hora, y también muchos niños? De pronto, en aquel pasillo grita uno: "Mamá", y una señora responde: "Sí". Entonces el niño comienza a caminar por un pasillo hasta que persigue a esa voz y ubica a su madre. ¿Sabes por qué? Porque el niño conoce la voz de su madre.

Cuando tú gritas, Dios sabe quién eres. Cuando Dios habla, tienes que saber quién es. Para ello es necesario oírlo diariamente, no una vez ni diez.

Tengo una familia amiga en la ciudad de Dallas, Texas, a la que amo mucho. Nos veíamos a menudo en Dallas, y siempre que viajaba a esa ciudad me quedaba con ellos. Éramos muy amigos, nos teníamos mucho cariño.

El padre de la familia tenía un empleo sumamente estable. Desde los dieciséis años trabajaba en una empresa: luego de treinta y cinco años de trabajo, ya como vicepresidente regional, decidió retirarse. Éramos amigos, nos amábamos. Cuando se retiró tuvo problemas y se mudaron de ciudad. Vendió su casa y yo no me enteré.

En uno de mis viajes tuve que regresar a Dallas, lo llamé de inmediato, y el teléfono no respondía. Me comuniqué con la compañía de teléfono y me dijo que el teléfono estaba desconectado, que no había nadie en esa casa. Entonces renté un automóvil y fui a verificar personalmente lo que la operadora me decía. Efectivamente, en su casa no había nadie. Se habían mudado.

Terminé de cumplir con las tareas que me habían llevado a trabajar a ese lugar, y me fui a la ciudad de Houston. Pero en el avión iba pensando: "No puedo haberlos perdido. ¿Cómo voy a perderlos si los amo? No puede ser".

Al terminar temprano todo mi trabajo en Houston, me fui a la casa de otros amigos, cuando en el camino oigo una voz que me dice: "METROMEDIA". Cuando llegué a la casa de esos otros amigos, les pregunté si ellos sabían qué era "METRO-MEDIA". "Me parece que es una empresa", respondió. "¿Por qué no buscamos en la guía telefónica?" Tomó la guía, la abrimos y ahí estaba "METROMEDIA".

Llamé al primero de los números telefónicos encontrados. En ese momento una señorita dice: "METROMEDIA". Entonces le dije que buscaba al señor Chuck Barr, y ella respondió: "Ahora lo comunico".

Necesitamos oír la voz de Dios. El encuentro fue milagroso, y mientras cenábamos y nos regocijábamos con ese milagro, la hija me dijo: "¿Por qué será que a mí nunca me pasan esas cosas?" ¿Sabes por qué? Porque nunca nos ponemos en el lugar de la necesidad. Queremos todo suave y tranquilo. Queremos darle a Dios, pero si no nos falta. Queremos ayudar, sí, pero si podemos. Queremos servirlo, sí, pero si tenemos tiempo. Queremos hacer algo, pero si es fácil.

No es eso lo que agrada a Dios. Lo que agrada a Dios es lo que no se puede, lo que no se tiene, lo que no se logra, el tiempo que no existe. Porque allí es donde Dios se manifiesta. Dios se alegra con el que tiene fe, con el que tiene coraje, con el que tiene denuedo.

Caleb era un hombre de ochenta años que cuando repartieron la tierra, a él no le daban nada. Sin embargo, estaba atento, había una promesa para él. Entonces fue ante Josué y le dijo: *"Dame, pues, ahora este monte, del cual habló Jehová aquel día; porque tú oíste en aquel día que los anaceos están allí, y que hay ciudades grandes y fortificadas. Quizá Jehová estará conmigo, y los echaré, como Jehová ha dicho"* (Josué 14:12).

Necesitamos muchos "Calebs" que quieran tomar las montañas, las ciudades, las naciones y los continentes. Pero para esto se necesita acción. No solamente hablar, sino hacer.

Libres de la carga del pasado

Imagínate si Zaqueo hubiera dicho la tarde siguiente a la entrada de Jesús en Jericó: "Estuve cerca de Jesús pero no pude verlo por la multitud. Recuerden que soy muy bajo de estatura y debido a la gran cantidad de gente no lo vi.

¿Por qué no me habré subido al árbol? No me subí al árbol que estaba cerca porque me dio vergüenza... entonces no lo vi.

Hubieran sido buenas excusas, probablemente razonables, pero nunca hubieran dado resultado. La Palabra de Dios dice: "El arrepentimiento es la acción que obtiene el perdón". "La confesión es la acción que obtuvo la salvación". "La oración es la acción que obtiene una solución". Entonces la clave es actuar, es hacer, no solo hablar.

> "LA ORACIÓN ES LA ACCIÓN QUE OBTIENE UNA SOLUCIÓN".

Si te levantas cada mañana como una nueva persona, revestida del nuevo hombre, hecha según Cristo; si eres una nueva criatura, con una nueva mentalidad, con una nueva naturaleza, con un nuevo corazón, con una nueva manera de pensar, entonces tendrás una nueva vida, un nuevo futuro, una nueva esperanza y un nuevo DESTINO.

Cuando comencé a conocer a Cristo Jesús, me enamore de Él y lo seguí. El primer sábado fui salvo, al sábado siguiente estaba lleno del Espíritu Santo. Al sábado siguiente fui bautizado en aguas. Estaba enamorado de Cristo pero cargaba con una gran culpa y una gran vergüenza. Tenía en mi corazón un cúmulo de pena y de culpa por los pecados en mi vida pasada. Una y otra vez me atormentaba. Entonces iba a la iglesia, oraba, alababa, cantaba, pero pensaba en mi corazón: "Ojalá hubiera tenido otro tipo de vida, si hubiera conocido a Jesús antes. ¡Qué bueno hubiera sido conocerlo cuando era un niño! Si tan solo hubiera conocido a Jesús antes, le hubiera dedicado mi vida y podría haberlo servido. Pero ¿quién soy yo para servirle? Solo un trapo de inmundicia, solo un gusano de iniquidad".

Todas esas frases eran comunes para mí en ese tiempo. Todo eso recaía sobre mi vida. Había vergüenza, culpa, un lastre. ¿Cómo iba a enfrentar el privilegio de

servir a Cristo? Pero un día, en agosto de
1981, escuché un mensaje parecido a
este, que me libertó. Dios me abrió los
ojos. Una nueva esperanza nació en mí.
Una sola prédica puede cambiar la dirección de tu vida. Un día puede ser el primero de una nueva esperanza, de un
nuevo destino.

*"Aconteció después, que Jesús iba por
todas las ciudades y aldeas, predicando y
anunciando el evangelio del reino de Dios,
y los doce con él, y algunas mujeres que
habían sido sanadas de espíritus malos y
de enfermedades: María, que se llamaba
Magdalena, de la que habían salido siete
demonios, Juana, mujer de Chuza inten-
dente de Herodes, y Susana, y otras
muchas que le servían de sus bienes."*

(LUCAS 8:1-3)

María Magdalena era una mujer que
estaba poseída por siete demonios. Todos
sabemos lo que los demonios inducen a

hacer a la gente. Si el siete es el número de la perfección, María Magdalena estaba perfectamente endemoniada. La Palabra dice que la vida de ella se cruzó con Cristo, y fue salva. Los demonios fueron expulsados de su vida. Y luego de ser libre se convirtió en una sierva de Dios.

El pasado de la endemoniada era una carga muy pesada para llevar el resto de su vida, y sin duda con él no podría servir a Jesús. Sin embargo, la Palabra dice que María Magdalena era la administradora en el ministerio de Jesús.

Los historiadores dicen que esta mujer era la jefa del equipo. Jesús tenía un equipo completo, con discípulos y todo, como un ministerio actual.

María Magdalena había estado endemoniada, pero cuando llegó a Cristo fue una nueva criatura. Jesús no solo la tomó y la salvó, sino que la integró al trabajo y servicio de la iglesia. Ella fue sierva de Dios, ministro competente de un nuevo pacto.

"Vinieron al otro lado del mar, a la región
de los gadarenos. Y cuando salió él de la
barca, enseguida vino a su encuentro, de los
sepulcros, un hombre con un espíritu inmun-
do, que tenía su morada en los sepulcros, y
nadie podía atarle, ni aun con cadenas.
Porque muchas veces había sido atado con
grillos y cadenas, mas las cadenas habían
sido hechas pedazos por él, y desmenuzados
los grillos; y nadie le podía dominar. Y
siempre, de día y de noche, andaba dando
voces en los montes y en los sepulcros, e
hiriéndose con piedras."

(MARCOS 5:1-5)

El endemoniado gadareno era un hombre que estaba fuera de sí. Vivía como una
bestia salvaje, rompía los grilletes y las
cadenas. Corría y se hería a sí mismo con
piedras.

En San Cristóbal, Alta Verapaz, Guatemala, vimos con mi esposa Cecilia un
caso como este. El hombre que conoci-
mos vivía en un campo, estaba vestido de

andrajos; su pelo, su cara, su boca estaban sucios. Corría como un loco. Lo habían llevado a la cárcel, pero rompía la puerta de la cárcel y se escapaba. Este hombre tenía un hermano que lo amaba, era el único de la familia que se preocupaba por él. Cada día le llevaba comida en un recipiente y se la dejaba a unos cien metros de distancia, porque si lo hacía más cerca, el endemoniado podía agarrarlo, arrastrarlo y golpearlo. Este hombre no tenía futuro, no tenía esperanza.

Leemos en los versículos 8 al 13 que dice:

"Porque le decía: Sal de este hombre, espíritu inmundo. Y le preguntó: ¿Cómo te llamas? Y respondió diciendo: Legión me llamo; porque somos muchos. Y le rogaba mucho que no los enviase fuera de aquella región. Estaba allí cerca del monte un gran hato de cerdos paciendo. Y le rogaron todos los demonios, diciendo: Envíanos a los cerdos para que entremos en ellos.

Y luego Jesús les dio permiso. Y saliendo
aquellos espíritus inmundos, entraron en
los cerdos, los cuales eran como dos mil; y
el hato se precipitó en el mar por un despe-
ñadero, y en el mar se ahogaron".

El gadareno era un hombre sin futuro.
No tenía ninguna oportunidad. Sin embargo, cuando se encontró con Jesús todo
cambió. A este hombre de San Cristóbal
se le presentó a Jesús y frente a nuestros
ojos vimos cómo el Señor lo liberto.

El regreso de la dignidad

"Vienen a Jesús, y ven al que había sido
atormentado del demonio, y que había
tenido la legión, sentado, vestido y en su
juicio cabal; y tuvieron miedo."

(V. 15)

El endemoniado gadareno se cubría
con andrajos, solo pedazos de ropa, estaba como desnudo. Además, herido por

piedras, sucio, amedrentado, asustado. De pronto regresó a la cordura y volvió a la lucidez; entonces Jesús mandó que lo vistieran. Cuando la gente lo vio, lo encontró sentado, vestido y en su juicio cabal.

Eso es exactamente lo que el padre hizo en el relato del hijo pródigo. Lo primero que el padre ordenó fue ponerle a su hijo una capa, un anillo en el dedo y zapatos en los pies. De esta manera le estaba devolviendo la dignidad. Al mirarse a sí mismo debía verse como algo que tiene valor, que tiene identidad.

La gente al ver cómo había quedado el endemoniado, se asustó. Y preguntaron: ¿qué hizo Jesús con él?

"Al entrar él en la barca, el que había estado endemoniado le rogaba que le dejase estar con él" (v. 18).

El endemoniado quería seguir a Jesús. Es natural y lógico que esto sucediera, amaba al que le había devuelto la vida. Pero Jesús no se lo permitió, sino que le pidió que regresara a su casa, a los suyos,

y les contara las cosas grandes que el
Señor había hecho con él, y cómo había
tenido misericordia de su vida: *"Vete a tu
casa, a los tuyos, y cuéntales cuán grandes cosas
el Señor ha hecho contigo, y cómo ha tenido misericordia de ti"* (v. 19).

De esta forma Jesús le dio a este joven
un ministerio. Le entregó el mensaje de la
reconciliación: "Vé a decirle a los otros lo
que Dios hizo por ti". Y eso hizo; se fue y
comenzó a **publicar** en Decápolis, las
cosas que había hecho Jesús con él. El
resultado de todo ello fue que, al verlo
"todos se maravillaban" (v. 20).

El hombre se fue a "publicar", que significa proclamar, predicar, en Decápolis.
Este hombre fue el primer evangelista iti-
nerante ordenado por Jesucristo. Unas
horas antes había sido un endemoniado
sin esperanza, sin ninguna opción en la
vida, sin ningún futuro. Luego fue hecho
un ministro del Dios Altísimo.

Cuando se presentó en Decápolis, le
deben haber preguntado:

—¿Quién es usted?

—Soy un evangelista, una nueva criatura, —debe haber sido su respuesta.

—¿Quién lo mandó?

—Cristo me mandó a decirles cuán grandes cosas ha hecho Dios por mí.

Como resultado de ello, las personas se convertían, se sanaban y se salvaban por el amor de Dios.

Aquel día glorioso de agosto de 1981 el mensaje de amor y libertad de Cristo tomaron mi corazón. Cuando ese servicio terminó, yo estaba junto a mi esposa Cecilia hincado en el piso del Coliseo, llorando y diciendo: "Entonces sí podemos servir a Dios. Entonces sí podemos pertenecer a esa clase de ministros de los que entregan su vida por Dios, de los que le dan todo a Cristo solo por anunciar la bendita Palabra de Dios. Podemos hacerlo. Hay suficiente de Cristo en nosotros para poder salir a dar lo que Dios nos da, a contar cuán grandes cosas ha hecho Dios por nosotros. No quiero quedarme sentado, quiero ir al mundo, quiero ir a las naciones y decirles cuán grandes cosas ha hecho Dios por mí".

UNA NUEVA OPORTUNIDAD

"Vino, pues, a una ciudad de Samaria llamada Sicar, junto a la heredad que Jacob dio a su hijo José. Y estaba allí el pozo de Jacob. Entonces Jesús, cansado del camino, se sentó así junto al pozo. Era como la hora sexta. Vino una mujer de Samaria a sacar agua; y Jesús le dijo: Dame de beber."

(JUAN 4:5-7)

Los judíos y samaritanos no se hablaban. Sumado a eso, tampoco los judíos debían hablarle a una mujer. Pero allí estaba Jesús, y Él le habló, le dijo: *"Dame de beber".*

"La mujer samaritana le dijo: ¿Cómo tú, siendo judío, me pides a mí de beber, que

soy mujer samaritana? Porque judíos y
samaritanos no se tratan entre sí."

(V. 9)

Así Jesús comenzó a presentarle el
mensaje del Evangelio. Logró captar la
atención de la mujer con el tema del agua,
y continuó diciéndole:

"El que bebiere del agua que yo le daré, no
tendrá sed jamás; sino que el agua que yo
le daré será en él una fuente de agua que
salte para vida eterna. La mujer le dijo:
Señor, dame esa agua, para que no tenga
yo sed, ni venga aquí a sacarla. Jesús le
dijo: Vé, llama a tu marido, y ven acá.
Respondió la mujer y dijo: No tengo
marido. Jesús le dijo: Bien has dicho: No
tengo marido; porque cinco maridos has
tenido, y el que ahora tienes no es tu mari-
do; esto has dicho con verdad."

(VV. 14-18)

Si algunos de los religiosos que hoy

están en las iglesias hubieran visto a esta mujer, hubieran pensado: "Cinco maridos y un amante, ¿quién la quiere? No podemos usarla en el ministerio". Pero Cristo no era un religioso. El Hijo de Dios vino precisamente a buscar a los enfermos y a los perdidos.

El plan de Dios va más allá de tu pasado. No necesitamos permanecer presos en el ayer, Jesús tiene un nuevo futuro y hoy puede ser el primer día de ese futuro.

El resultado de aquella conversación con la mujer fue que *"muchos de los samaritanos de aquella ciudad creyeron en él por la palabra de la mujer, que daba testimonio diciendo: Me dijo todo lo que he hecho"* (Juan 4:39).

La mujer daba testimonio de Cristo. Ella también se había transformado en evangelista, en una ministro. Anunciaba a Cristo con el glorioso don de predicar y proclamar el Evangelio de Jesús.

Hace algunos años llegó a la iglesia un hombre que recién salía del manicomio.

Había consumido tantas drogas que estaba psicológicamente alterado, al punto de tener que ser encerrado en un neuropsiquiátrico.

Un día llegó a la oficina, actuaba de manera muy rara, como cualquier persona que acaba de salir de un manicomio. Por cierto, yo estaba asustado, y él solamente me hablaba de su deseo de servir a Jesús. Finalmente se quedó en la iglesia.

Durante varios años estuvo sentado en la iglesia. Un día, se acercó y me dijo:

—Dios me dijo que debía tener un ministerio.

—¿Ah sí?, —le dije—, cuénteme.

—El Señor dijo que tengo que ayudar a las personas que están como yo estaba, a la gente que vive prisionera, a los que salen de las cárceles y de los hospitales.

—Muy bien, adelante, —le dije.

Y así fue. Hoy, el ministerio crece día a día. Pronto tendremos que abrir una casa, pues en la que están ya no caben.

Hace unos meses me habló por teléfono para contarme:

—Pastor, Dios me habló otra vez, y me dijo que ya debemos ir a otra nación a hacer la misma obra.

—¿Adónde?

—A Venezuela.

Pronto se arreglaron las cosas para ir a Caracas y espiar la tierra donde intentaremos abrir otro lugar para ayudar a los necesitados.

LOS SIETE PASOS DE LA VIDA DEL CREYENTE

"Si quisieres y oyereis, comeréis el bien de la tierra."

(ISAÍAS 1:19)

NÚMERO 1: CUANDO LLEGAMOS A JESÚS ESTÁBAMOS SUMIDOS EN LA NECESIDAD Y MUERTE ESPIRITUAL.

Llegamos a Dios cubiertos de pecado, perdidos, angustiados, en necesidad.

Algunos habían perdido su familia, otros estaban en quiebra, algunos enfermos, y otros divorciados.

NÚMERO 2: CUANDO CRISTO SE CRUZA EN NUESTRO CAMINO Y LO RECIBIMOS COMO SEÑOR Y SALVADOR, comienza una nueva vida.

NÚMERO 3: CUANDO HAY UNA NUEVA VIDA HAY UN NUEVO NACIMIENTO, UN NUEVO CORAZÓN.

No se trata de cambiar de religión sino de vida. Es ser una nueva persona, llena de Jesús. Hay un nuevo nacimiento, una nueva vida, una nueva naturaleza, un nuevo corazón, una nueva esperanza, un nuevo futuro y un nuevo destino.

NÚMERO 4: ME CONSTITUYO EN SEGUIDOR DE CRISTO.

Cuando sigo a Cristo me constituyo en su discípulo. Estoy enamorado de Él, lo amo y quiero conocerlo, leer de Él y oír de Él. Entonces, ¿qué hace el Señor Jesús cuando alguien le dice sí?

Número 5: Me llama para ser su colaborador.

¡Qué privilegio tan grande! ¡Dios me llama a ser su colaborador! Eso significa que trabajo con Él. Dios trabaja a través de mí, bendice a través de mí, habla a través de mí. Dios salva y sana a través de mí. Dios liberta, echa fuera demonios y cambia las vidas a través de mí, su colaborador. Dios me hace recuperar mi dignidad, me da una nueva identidad. Ahora estoy asociado con Dios en el negocio de ganar almas. Tenemos un interés común. Conozco el propósito de Dios.

> ¡QUÉ PRIVILEGIO TAN GRANDE! ¡DIOS ME LLAMA A SER SU COLABORADOR!

Número 6: Oigo su voz.

Este es el privilegio más grande de la humanidad. Su amor me rodea, me cuida, me guarda. Estoy asociado con Él, y puedo escuchar su voz, tengo comunión con Él.

NÚMERO 7: CONOZCO SU PROPÓSITO.

Mi vida y mi mente cambian. Empiezo a soñar los sueños de Dios. Veo las visiones de Dios. Tengo los pensamientos de Dios y deseo sus deseos. Soy una nueva persona, alguien nuevo. Tengo valor y quiero ser de bendición para otros. Es el más enorme privilegio que pueda existir.

DIOS TE DICE...

"Ensancha el sitio de tu tienda, y las cortinas de tus habitaciones sean extendidas; no seas escasa; alarga tus cuerdas, y refuerza tus estacas."

(ISAÍAS 54:2)

Dios quiere bendecir tu vida.

¿Por qué tienes que conformarte con la mediocridad? Cristo tiene algo nuevo para ti. Dios quiere cambiar tu vida, ensanchar tu corazón y tu mente. Sueña sueños grandes para servir a Cristo.

Jehová te dice: "Conforme a tu fe, te

sea hecho. Levántate y camina. No esperes ni un solo día, camina. Y cuando lo
hagas, verás la unción que Dios ha puesto
en tu vida hoy, y te sorprenderás".

CAPÍTULO 4

DESEMPOLVEMOS NUESTROS SUEÑOS

En una ocasión compartí una cena con el doctor David Yonggi Cho, y le solicité que me dedicara un libro con su firma. Entonces le llevé un ejemplar de "La oración clave del avivamiento".

Mi única intención era que firmara el libro. Sin embargo, él tomó la lapicera y se puso a escribir. Obviamente, despertó mi curiosidad por saber qué decía su dedicatoria. Cuando tomé el libro vi que había escrito algo así: "Querido Harold, tu visión va a cambiar tu vida, tu visión te transformará. La visión le dará forma a tu vida".

DIOS NOS INVITA A SOÑAR

Los sueños y las visiones son el lenguaje de Dios. Solemos encontrarnos con dos tipos de personas:

1. LA QUE NUNCA SOÑÓ.

La persona que vivió en la desesperanza y habitó en la pobreza y la necesidad. La persona que creyó que todo le era negado y no supo soñar. Pero Dios le dice: "Arrepiéntete, desvístete del hombre viejo, cambia tu mentalidad y cree las buenas noticias del Evangelio". Al hacerlo tu vida tomará un nuevo destino. El día de soñar es hoy.

> TU VISIÓN VA A CAMBIAR TU VIDA, TU VISIÓN TE TRANSFORMARÁ. LA VISIÓN LE DARÁ FORMA A TU VIDA.

2. LA QUE SE ATREVIÓ A SOÑAR, SE TROPEZÓ Y YA NO QUIERE ARRIESGARSE A VOLVER A FALLAR.

Es la persona que no quiere soñar por miedo de fracasar otra vez.

Es necesario atrevernos a desempolvar los sueños. Es necesario que volvamos a soñar, a creer. Consideremos el comienzo de los siervos de Dios:

Oral Roberts sacudió al mundo en los años 1940-1950. Su carpa era un templo de enormes dimensiones y noche a noche se llenaba con miles y miles de personas que iban a recibir un toque de Dios. Pero, ¿cómo empezó Roberts, fundador de una gran universidad?

Oral era un hombre tartamudo, al punto que le costaba hablar. No podía pronunciar una sola palabra bien, como Moisés. Y cuando Dios lo llamó, Roberts le dijo: "Señor, yo te sirvo pero no puedo hablar". Sin embargo, Dios lo levantó.

Kenneth Copeland pesaba 350 libras (175 kilos). Era adicto a la comida. No podía dejar de comer. La pasión de su vida era ir a la hora que abría la panadería y pedir dos panes de molde apenas sacados del horno, antes de que los cortaran. Todavía estaban tan calientes que les abría un agujero en el centro y les metía una barra entera de mantequilla. Compraba dos, uno para comer allí mismo, y otro para llevar a su casa.

Cuando Kenneth Hagin nació lo tiraron a la basura. Pesaba una libra (500 gramos). Pensaron que estaba muerto. Su abuela lo recogió del basurero, le dio de comer con un gotero y Dios lo sanó, transformó su vida y bendijo a la humanidad a través de su vida.

Sueños enterrados

Hay muchos sueños que la vida hizo marchitar. Las circunstancias, los tropiezos, las necesidades, la carencia y muchas veces la ignorancia, nos hizo guardarlos. Solemos decir: "Yo tenía un sueño, una ilusión, pero no lo logré". Muchas personas hablan de ese modo. Sin embargo, quiero enseñarte cuál es una manera correcta de hablar.

Es tiempo de una nueva esperanza. Es momento de ponernos de pie, de mirar hacia delante y decirle sí a la vida, sí a los sueños y no al fracaso.

Había un joven al que llamaban "el soñador". Su nombre era José. Desde muy joven, de tan solo diecisiete años, tuvo un sueño. Se vio a sí mismo y a sus hermanos como espigas de trigo. Las espigas que representaban a sus hermanos lo rodeaban y se inclinaban hacia él.

Como un soñador, José dio a conocer su sueño, y dijo: *"Oíd ahora este sueño que he soñado"* (Génesis 37:6). Entendió el principio espiritual: *"Creí, por tanto hablé"* (Salmo 116:10).

José anunció, proclamó su sueño, no se calló. Pero al hacerlo, sus hermanos se enojaron aún más con él. Le tenían celos por ser el hijo menor, aparentemente un consentido. Sumado a eso, el sueño colocaba a los hermanos en una posición inferior ante José. Así fue que planearon deshacerse de él.

Sin embargo, José tuvo otro sueño. Y este segundo fue la ampliación del primero. En el segundo sueño, se vio a sí mismo rodeado por la Luna, el Sol y once estrellas que se inclinaban ante él.

Cuando le contó el sueño a su padre Jacob, este lo escuchó y le dijo: *"¿Qué sueño es este que soñaste? ¿Acaso vendremos yo y tu madre y tus hermanos a postrarnos en tierra ante ti?"* (Génesis 37:10).

La Biblia dice que sus hermanos tuvieron envidia hacia él, pero que su padre Jacob meditó en esto y guardó el sueño en su corazón. Pasó el tiempo y este sueño cambió la vida de José. Un sueño puede transformar tu vida.

SUEÑOS Y VISIONES

El Espíritu Santo nos habla a través de sueños y visiones. La Biblia está llena de estos ejemplos: Job 33:14-16, Ezequiel

1:1; Génesis 15:1; Génesis 37:5. Lo hizo con Abraham y con José. También con Jacob y Habacuc, con Oseas y Abdías. Lo mismo que a Ezequiel, a Jeremías y a Isaías. Sueños y visiones, una de las maneras cómo Dios nos habla.

El sueño y la visión que Dios te da cambiarán tu vida. Una vez que recibiste el sueño de Dios, la visión de Dios, tu vida está marcada. Puede ser que tomes el sueño y lo guardes en un cajón, que lo escondas, que lo niegues, pero el sueño o la visión de Dios afectará el rumbo de tu vida.

Los hermanos de José se molestaron con él por el sueño que había tenido. José debe haber pensado: Dios me dio un sueño hermoso, voy a cosechar el resultado del sueño. Sin embargo, cosechó celos y amargura. Los hermanos lo prendieron y quisieron matarlo.

DIOS ME DIO UN SUEÑO HERMOSO, VOY A COSECHAR EL RESULTADO DEL SUEÑO.

Su hermano Rubén salió en su defensa y los convenció de no hacerlo.

DENTRO DEL POZO

"Y les dijo Rubén: No derraméis sangre; echadlo en esta cisterna que está en el desierto, y no pongáis mano en él; por librarlo así de sus manos, para hacerlo volver a su padre."

(GÉNESIS 37:22)

Ahí estaba José, encerrado en la cisterna. Cuando pasaron unos ismaelitas, fue vendido por sus hermanos. Entonces pensó: "Yo tuve un sueño y ahora miren dónde estoy. Pasé de la cisterna a la esclavitud. Ahora soy esclavo. ¿Dónde está mi papá Jacob? ¿Por qué no viene a buscarme? ¿Dónde está mi mamá? ¿Dónde están ellos? ¿Por qué no vienen por mí?". Su situación declinó.

En vez de que el sueño lo levantara, aparentemente estaba aplastado debajo del sueño de Dios. Sin embargo, pronto llegó a la casa de Potifar el que, al ver su calidad y el favor de Dios sobre él, lo nombró mayordomo y lo puso sobre todos sus bienes.

Así comenzó a cambiar su situación. Probablemente pensaba: "Ayer estuve mal en una cisterna, después fui esclavo, pero mírenme ahora, ya soy mayordomo". ¿Qué sucedió entonces? La esposa de Potifar puso sus ojos en él, lo deseó y lo persiguió, le pedía que durmiera con ella. Entonces José usó esa frase tan impresionante que dice:

"No hay otro mayor que yo en esta casa, y ninguna cosa me ha reservado sino a ti, por cuanto tú eres su mujer; ¿cómo, pues, haría yo este grande mal, y pecaría contra Dios?"

(GÉNESIS 39:9)

José no cedió. Ella le arrancó un pedazo de ropa y dijo que él había querido abusar de ella. Potifar echó a José en la cárcel. ¿Qué pasó con el sueño? José había vuelto a caer al fondo del pozo. Sin embargo, ahí Dios vuelve a darle favor y el capitán de la guardia dijo: "Este muchacho puede administrar la cárcel". Entonces José pasó a ser administrador dentro de la cárcel.

Luego el rey castigó al copero y al panadero real y ambos fueron a parar a la cárcel. Una noche, cuando se durmieron, tuvieron un sueño. A la mañana siguiente se lo contaron a José y él lo interpretó.

La interpretación del sueño que tuvo el jefe de coperos era: "Que en tres días recuperaría su puesto de copero del Faraón". El panadero también le contó su sueño y José le dijo: "Tu sueño significa que en tres días te cortarán la cabeza".

Así sucedió, a los tres días uno fue restaurado y el otro matado. Entonces José le pidió al copero del rey que no se olvide de él. Pero dice: *"Y el jefe de los coperos no se acordó de José, sino que le olvidó"* (Génesis 40:23). Ahí quedó José, sumido en la cárcel.

Un sueño nos sostiene

Jacob, el padre de José, no volvió a verle. Sus hermanos lo vendieron. El copero lo despreció. Era sirviente en una cárcel. José hubiera podido volverse resentido o transformarse en un asesino, pero tenía un sueño que lo sostenía.

Así pasaron dos años, y dice la Palabra en Génesis 41:1 que: *"tuvo Faraón un sueño"*. Luego de haber intentado que los magos de Egipto interpretaran su sueño sin resultado alguno, el copero recordó a José, el joven de la cárcel. Pero si el copero lo había abandonado después de haberle interpretado el sueño, ¿qué le haría el Faraón?

José salió de la cárcel, se rasuró el pelo, se vistió y se presentó ante del Faraón. En el sueño de Faraón había siete vacas gordas y siete vacas flacas, siete espigas gruesas y siete espigas delgadas, y José le dijo: "Esta es la interpretación, Faraón: Dios dice que habrá siete años de gran abundancia y después vendrán siete años de escasez y hambre. Habrá hambruna sobre la Tierra. Si guardas alimento durante los siete primeros años, tendrás alimentos para los siete años de hambruna y de carencia que vendrán".

Tal fue el agradecimiento de Faraón que puso a José por autoridad sobre el reino. "Solo yo seré sobre ti, que soy el Faraón, pero todo Egipto te oirá a ti y se arrodillará delante de ti", eran sus ordenes. Luego de tantas dificultades, Dios había levantado a José nuevamente y lo hizo señor.

SUEÑO CUMPLIDO

Pasaron los siete años de abundancia, y dos de los siete años de escasez. En ese tiempo se les acabaron los bienes a los hebreos. La familia de Jacob, que era adinerada, no tenía comida, esta vez se había acabado. Había escasez y hambruna. Entonces envió a sus hijos a comprar alimentos a Egipto, porque solo allí estaba lo que José había almacenado.

Cuando su familia llegó a Egipto, José reconoció a sus hermanos, pero no se hizo conocer por ellos. Él era ahora el señor de Egipto y sería el que los ayudaría. Entonces José recordó el sueño de su juventud.

El tiempo del cumplimiento había llegado. Su padre Jacob creía que José había muerto, por eso nunca lo buscó. Había visto la túnica manchada de sangre. Pero ahora al enterarse de que José vivía dijo: *"Iré, y le veré antes que yo muera"* (Génesis 45:28). El encuentro entre Jacob y su hijo José fue estremecedor. Uno se echó al cuello del otro, y lloraron juntos. Ahora todos se inclinaban ante José.

El sueño ¿se hizo realidad o no?

La familia de José, más de setenta personas, llegó a Egipto. Cuando Faraón se enteró le dijo: "Trae a tu familia y a su ganado, y llévalos a Gosén porque allí hay hierbas para que coman sus ganados". En toda la tierra no había alimentos, y Faraón les dio el mejor campo, Gosén, para que se alimentaran las ovejas de los de Israel.

El sueño de Dios llevó hasta ese punto a José. Jehová lo hizo señor de Egipto para ir a Gosén. Los hebreos dicen "Goshen" que es una representación de Cristo, pues significa "Mi Libertador". Allí creció el pueblo de Israel, y se multiplicó hasta que fueron tantos que otro Faraón, cuatrocientos años después de este, los esclavizó, y Moisés fue levantado para sacarlos de Egipto. Cristo Jesús es nuestro Goshen, nuestro Redentor. Él nos sacó del mundo, nos sacó de la potestad de las tinieblas y nos trasladó al Reino de Jesucristo, al Reino de Dios. Él es nuestro "Goshen".

El pequeño sueño de un joven de diecisiete años alteró el curso de la humanidad. Las personas pueden decir: "Este es solo un sueño de un muchacho". Pero ese sueño ha sido impreso en la Biblia y en la historia de la humanidad.

No importa cuántos reveses hayas tenido, Dios tiene un tiempo escrito en el libro de la vida donde está el día, el mes, el año y la hora de tu victoria. El cumplimiento de tu sueño llegará como llegó el de José.

Sujétate de la visión

"Aunque la visión tardará aún por un tiempo, mas se apresura hacia el fin, y no mentirá; aunque tardare, espéralo, porque sin duda vendrá, no tardará."

(Habacuc 2:3)

Si tienes una visión del Señor, sujétate de ella. Si tienes un sueño de Dios, hazlo tuyo y este transformará tu vida. El día que decidas querer cambiar con suficientes fuerzas, será el primer día de tu nueva vida.

Todo lo que cosechamos hoy es el producto de lo que sembramos ayer. Si quieres cosechar distinto de lo que cosechas,

> SI QUIERES COSECHAR DISTINTO DE LO QUE COSECHAS, ENTONCES NECESITAS SEMBRAR DISTINTO DE LO QUE SIEMBRAS.

entonces necesitas sembrar distinto de lo que siembras. Si tu actitud, tu pensamiento, tu mentalidad ha sido derrotista, negativa, pesimista, hay que cambiarla para obtener un futuro mejor.

Necesitamos soñar los sueños de Dios, necesitamos desear los deseos de Dios. Necesitamos ver las visiones de Dios y aferrarnos a su voluntad para nuestra vida.

Hay personas que dicen: "Yo tenía visiones, sueños, ilusiones, esperanzas, pero eso era en mis años de juventud, antes de que me pisoteara la vida y las circunstancias me aplastaran".

Tal vez querías ser médico, y tener una clínica. Quizás has deseado ser ingeniero y emplear una constructora con muchos obreros. Tal vez abogado, y tener media docena de procuradores. O simplemente una ama de casa, tener tus hijos entregados a Cristo, profesionales que sirven a Dios y honran a Jesucristo.

Probablemente aspirabas a un futuro diferente del que tienes hoy, pero quiero decirte que no es tarde. No importa cuántas dificultades has atravesado, no importa si fuiste a parar a la cisterna, o si tus hermanos te vendieron. Dios hará tu sueño realidad, lo verás y te gozarás.

Un nuevo tiempo

Cuando naciste de nuevo, querías hacer muchas cosas. Entonces vino el diablo a empolvar tus sueños, trajo necesidades y presiones para apagar tu visión. Pero ponte de pie con la frente erguida, con la mirada firme y di: "¡Haré mi sueño realidad, volveré al principio, volveré a creer y veré mi visión hecha realidad!"

Dios es un resucitador de visiones y de sueños.

Lo que Dios te dio no te lo puede quitar el hombre. El depósito que el Espíritu Santo sembró en tu corazón, nadie te lo puede arrebatar.

Leí en un libro que Ray Krock fundó la cadena de comidas rápidas "McDonalds", a los 57 años; y el coronel Sanders, dueño del pollo frito "Kentucky", estaba en total quiebra cuando fundó esa empresa, a los 69 años.

Josué comenzó su liderazgo y se aprendió la Biblia de memoria cuando tenía 80 años. Caleb pedía otra montaña a los 120 años; seguramente tú no eres tan viejo como lo era él. Tú no debes ser tan viejo como lo era él. No importa cuántas veces has caído, lo que importa es cuántas veces te has levantado.

Te recomiendo que tus sueños y visiones sean grandes. Si yo fuera un médico, quisiera tener un hospital. Si fuera industrial no quisiera tener una fábrica pequeña, sino una gran industria. Dios no tiene límites. Sueña sueños grandes porque tenemos un Dios MUY GRANDE.

Resucitar los sueños

Había un hombre que se llamaba Andrés; no sabemos mucho de él, solo que tenía una personalidad apocada. Sin embargo, fue uno de los doce discípulos. Conoció a Jesús al principio de su ministerio. En realidad, Juan el Bautista le presentó a Jesús. Lo recibió como el Mesías y decidió seguirlo.

Pero en el camino, Andrés tuvo una idea: "Voy a presentarle a mi hermano". Pasó a buscar a su hermano, Simón Pedro, pero este tenía una personalidad completamente diferente a la de él. Su hermano opacó a Andrés de tal manera que nunca más volvimos a oír de él, solo de Pedro.

Pero Andrés tenía un sueño, y mientras andaba con Cristo su sueño fue creciendo. Soñó con un Rey que sanaba, que hacía milagros, que multiplicaba los panes y los pescados. Soñó con un Rey que alimentaba a la gente, lleno de sabiduría, que confundía, contrariaba y vencía a los fariseos, a los religiosos. El Imperio romano comenzó a preocuparse por él. Herodes temblaba de solo pensar en Jesús. Intentó matarlo cuando Jesús era niño.

El sueño de Andrés era este sueño: "Un día Jesús será rey y nos libertará de Roma". Esa era su idea: "Será el rey de los judíos, nos hará libres, seremos una nación, tendremos un reino. Él será el rey y yo seré parte del reino. Cuando el rey se siente a la mesa con su gabinete, yo, Andrés, estaré sentado junto a Él".

Ese era su sueño, y lo cultivó. Durante tres años y medio vio el ministerio de Jesús florecer y crecer, y crecía con su sueño y decía: "Ya está pronto, ya viene". Pero un día, Andrés acudió al Monte de la Calavera donde nuestro Señor fue crucificado. Atónito, sin poder creerlo contemplaba a Jesús decir: *"Elí, Elí, lama sabactani"* (Mateo 27:47).

Estaba traumatizado, era demasiado fuerte lo que presenciaba. Se le estaba muriendo el Maestro, estaba agonizando su Líder, su Señor, su Hermano, el Cristo, su Rey, y con Él, su sueño. Estaba atónito cuando escuchó la frase: *"Padre, en tus manos encomiendo mi espíritu. Y habiendo dicho esto, expiró"* (Lucas 23:46). Cuando Jesús murió, el sueño de Andrés quedó hecho pedazos. Jesús había muerto, y lo llevaron a la sepultura.

LOS SUEÑOS TAMBIÉN RESUCITAN.

Si bien su personalidad no le permitió ir con María Magdalena el primer día de la semana, fue testigo de las palabras de Lucas 24:5-6 que dice: *"¿Por qué buscáis entre los muertos al que vive? No está aquí, sino que ha resucitado"*. Su sueño había resucitado.

Los sueños también resucitan. Para que una semilla produzca es necesario que la semilla caiga a tierra, pero cuando cae a tierra muere, y entonces brota, germina y lleva mucho fruto.

¡Los sueños también, como las semillas, resucitan y llevan mucho fruto!

DESEMPOLVEMOS NUESTROS SUEÑOS

Viaja a través de tu pasado y desempolva tus sueños. Busca tus sueños guardados y quítales el polvo. Dios te dio un sueño, y ni el diablo ni nadie te robará lo que Dios te dio. Será tuyo, lo tendrás y lo disfrutará tu descendencia.

Levántate, ve en el nombre de Cristo, triunfa, demuestra el señorío de Jesús en tu vida. Has que tus sueños afecten a los demás, que tus sueños transformen tu nación.

El Reino está en ti. Ponte firme, endereza los hombros, la mirada erguida, una sonrisa en los labios, y sal a conquistar tus sueños.

Haz algo por los demás, no esperes que alguien más lo haga. Ve a la calle, dale valor a la gente y bendícela. Desvís- tete del egoísmo, del egocentrismo y pro- yéctate hacia la gente.

Dios puede hacer que tu sueño sea realidad. Lo único que puede echarlo a perder es que tú lo dejes morir. Pero aun así recuerda que Él es un resucitador de sueños, lo que te dijo que haría, lo hará. No importa el tamaño ni el tiempo. Hoy es el día de resucitar los sueños, de desem- polvar las visiones.

No importa cuántos años hayan pasa- do, no importa cuántos reveses hayas vivido, no importa cuántas veces te hayas caído, no importa cuántos años tienes... es tiempo de levantar tus sueños y vivir a plenitud la vida de Jesucristo.

Dios dijo: *"Pídeme, y te daré por herencia las naciones, y como posesión tuya los confines de la tierra"* (Salmo 2:8). Hermano, cómprate un mapa grande del mundo para que tus sue- ños sean grandes, para soñar en grande, para alcanzar metas muy grandes, porque servimos a un Dios grande, muy grande.

Este es el tiempo para soñar. Dios te ama como eres, te conoce como eres y te valora así. Dios invirtió tanto en ti que sabe cuánto cuestas y qué valor tienes.

Dios es como un joyero que observa un diamante en bruto. Tal vez uno solamente vería una piedra, pero Él ve cómo quedará después de trabajarla y lo que puede llegar a valer. Dios te mira a ti y ve un diamante. Te dice: "Hijo, atrévete a soñar. Juntos podemos lograrlo. Haremos de tu vida una joya. A través de ti bendeciremos a los tuyos, a las naciones y a la humanidad".

Atrévete a soñar.

Para contactarse con el autor escriba a:

Pastor Harold Caballeros
Iglesia El Shaddai
4 cta Calle, 23-03 Zona 14
Guatemala Ciudad 01014
Guatemala

O visite su sitio web:

www.elshaddai.net

Esperamos que este libro
haya sido de su agrado.
Para información o comentarios,
escríbanos a la dirección
que aparece debajo.
Muchas gracias

info@peniel.com

www.peniel.com